AF326206

LE TEMPÉRAMENT,

TRAGI-PARADE,

TRADUITE DE L'EGIPTIEN

EN VERS FRANÇAIS,

Et réduite en un Acte.

A

CHARLOTTE DE MONTMARTRE

En Octobre 1755.

AU GRAND CAIRE,

M. DCC. LVI.

ACTEURS.

IMPIAS, *Grand-Prêtre de Priape.*

FESSARIDE, *Reine Douariere d'Egipte.*

BÉLENDRAPS, *Fille de Feſſaride, couron-*
née Reine d'Egipte depuis la mort du feu Roi.

RATANPHOR, *Prince Sirien, couronné Roi*
d'Egipte, & marié nouvellement à Bélendraps.

LE CAPITAINE *des Gardes.*

GARDES.

La Scene eſt à Memphis, dans le Palais des Rois.

LE TEMPÉRAMENT,
TRAGI-PARADE.

SCENE PREMIERE.

RATANPHOR, BÉLENDRAPS, SUITE

RATANPHOR.

RRêtés, Bélendraps !

BÉLENDRAPS.

Ratanphor, laiſſés-moi.
A vos propos d'amour je n'ajoûte plus foi,
Je ſuis trop courroucée, & j'ai ſujet de l'être.

Mariée avec vous par les mains du Grand-Prêtre ,
Je ſuis , depuis huit jours , brûlante de deſir ,
Sans éprouver par vous ce que c'eſt que plaiſir ?
Vos mains avec ardeur me parcourent ſans ceſſe ;
Mais vous en reſtez-là ; votre foible tendreſſe ,
Quand vous venez au lit près de moi vous coucher ,
Se contente avec moi ſimplement du toucher.
N'eſt-ce donc que pour ça que l'Amour nous raſſemble ?
N'eſt-ce donc que pour ça que l'on ſe couche enſemble ?
Je ſuis fort ignorante en amour , en himen ;
Mais de tout votre corps quand j'ai fait l'examen ,
J'ai vû , quand vous dormiés , la forme ſingulière
Dont un homme partout d'une femme differe ;
Et j'ai dit , en voyant votre ſexe & le mien ,
La nature n'a pas mis tout ça là pour rien.
Quoique j'en ſois encor à mon aprentiſſage ,
Je ſçais bien qu'il s'agit d'un étroit aſſemblage
Qui nous cauſe un plaiſir qui n'eſt pas aſſez long ,
Et ſe répand en nous de la tête au talon.

RATANPHOR.

Vous , que j'ai toujours vue auſſi ſimple que ſage ,
Vous en ſçavez beaucoup , Madame , pour votre âge ?

BÉLENDRAPS.

Si cela vous ſurprend , n'en ſoyez plus ſurpris ;
Aprenez à préſent qui m'en a tant appris.
    Dans les bois conſacrés à la chaſte Diane ,
Me promenant un jour , j'aperçus un grand Ane.
Une docile Aneſſe auprès de lui paiſſoit ;

Quand l'Ane nous montra bientôt ce qu'il portoit.
Je me plaifois à voir fa brillante ftructure :
Dans fes productions j'admirois la nature ,
Et fentis en mon cœur naître un certain defir ,
Qui me fit friffonner tout le corps de plaifir.
Neuf fois de fes talens l'Ane faifant ufage ,
Confoma devant moi neuf fois fon mariage.
J'enviois le bonheur de ce couple amoureux ;
Je defirois tout bas d'être aumoins l'un des deux ;
De l'Aneffe en fecret je me fentois jaloufe ,
Quand je fûs deftinée à me voir votre Epoufe.
A vos Ambaffadeurs le confeil m'acorda ,
Je confentis à tout en victime d'état ;
    Mais lorfque je te vis , ton aimable préfence
Effaça de mon cœur & l'Ane & fa puiffance ;
Et pour la force , aumoins , te croyant fon égal ,
Je te facrifiai mon goût pour ce rival.
Juge fi c'eft à tort que je fais la grimace ;
Je fuis toute de feu , tu n'es jamais que glace.
J'ai beau tout employer ; ma violente ardeur
Ne te peut faire naître une ombre de chaleur.
Croyant te mettre en train , je me mets toute nue ,
Et de tous mes apas je régale ta vue.
De cent millé façons je te prodigue au lit
Et ma bouche , & ma gorge , & tout ce qui s'enfuit ;
Rien ne paroit en toi ; toujours lâche , immobile ,
Tout ce que je t'ai vû te devient inutile ;
Trop infipide époux , quelqu'un me vangera ;
Ce que tu ne fais pas , un Ane le fera.

RATANPHOR.

Oui ; vous avez raiſon de me faire la moue ;
Mais que votre courroux un moment s'amadoue ,
Et ne me faites pas le chagrin ſans égal
De vous voir me donner un Ane pour rival.
Des plaiſirs de Cithere effrénément avide ,
Soir , matin , jour & nuit vous aborrés le vuide.
Auprès de votre corps blanc , poli , fait au tour ,
Je ſuis ſans mouvement , mais non pas ſans amour.
Se peut il , qu'à vingt ans , à la fleur de mon âge ,
Je laiſſe à mes côtés bailler un pucelage ?
Je vois un Crocheteur , un Moine , un Savetier
Travailler , ſans relâche , à ce joli métier ;
Mon peuple ſe repeuple ; à la Cour , à la ville ,
C'eſt à qui ſe poura montrer le plus habile
A ce jeu qui ſervit à nous créer tous deux ,
Et moi Roi , je ne puis faire cela comme eux !
Ah ! que de tout mon cœur je couperai la langue
Au premier Orateur , qui crachant ſa harangue ,
Me dira trente fois , » *Roi puiſſant , puiſſant Roi.*
En croyant m'honorer , on ſe moque de moi.
Je ne fus pas toujours dans l'état malhonête
Qui malgré mon ardeur , me donne ſur la crête.
De l'amour , à douze ans , je ſentis les deſirs ;
Et bientôt j'en connus les plus ſecrets plaiſirs.
La Gouvernante , hélas ! que me donna ma mere ,
M'aprit à me ſervir du ſceptre de Cithere ;
Je fus en deux leçons un éleve excellent ,
Et tout enfant enfin , je lui fis un enfant.
Mais que me ſert ici de vanter ma proueſſe ?

Quand je n'ai près de vous que honte & que foiblesse.
Il n'en faut point douter , on m'a joué d'un tour.
Quelqu'ennemi secret , plus méchant qu'un vautour ,
M'empêche de jouir de vous & de vos charmes ;
J'en ai déja versé plus de cent vingt-cinq larmes.
Oui , c'est un maléfice , un sort , un guet-à-pens.
On ne veut pas me voir sur vous un seul instant ,
Vous faire ce qu'on fit lorsque l'on vous a faite ;
Et quelqu'un surement m'a noué l'éguillete.
J'ai fait secretement venir Cucufécien ,
Fameux Apotiquaire , excellent Pharmacien ,
Il n'a jamais trouvé qu'obstacle sur obstacle.
De Priape , à la fin , j'ai consulté l'Oracle
J'ai retenu ces mots , & j'en suis confondu ;
Écoutez , car voici ce qu'il m'a répondu.

   » La jeune épée ira dans le jeune foureau ,
     » Quand cette même épée
    » Sur un cadavre bien groupée
   » Sortira brillament d'un antique tombeau!

Quel sens puis-je donner à pareille replique ?
L'Oracle nettement en commençant s'explique ,
Et je comprends très-bien , qu'en cet obscur tableau ,
C'est moi qui suis l'épée , & c'est vous le foureau ;
Mais je ne puis , Madame , interprêter le reste.
Ce tombeau ... ce cadavre ... ô doute trop funeste !
Dieux ! qui croyez avoir bien plus d'esprit que nous ,
Donnez nous donc celui de vous deviner tous !

BÉLENDRAPS.

Un Oracle toujours a fait son thême double ,

Et vouloir l'éclaircir, c'eſt pêcher en eau trouble.
Mais je vous vais, pour moi, dire mon ſentiment
Franchement, clairement, intelligiblement.
Me voici votre femme, & je ſuis encore fille;
Mais de ceſſer de l'être en un mot je pétille.
Si dans une heure au plus vous ne terminez pas
L'anéantiſſement qui fait tous nos débats,
Je vous ferai bien voir, qu'au point où nous en ſommes,
On fait cocus les Rois comme les autres hommes.
Je vous laiſſe y penſer. Grenadiers, ſuivez-moi.

Elle ſort

SCENE II.

RATANPHOR ſeul.

Ciel! que va-t-elle faire? & qu'ai-je entendu! Quoi?
J'aurois donc le deſtin dont elle me menace?
De me faire cocu la Reine aura l'audace?
Bélendraps recevra mille gens dans ſes bras;
Et ſeul malgré més droits je n'en tâterai pas?
Le ciel, l'injuſte ciel, ne me fait dans ſa rage,
Reſſembler aux humains que par le cocuage.
Mais Impias paroît. Feſſaride le ſuit;
J'ai tout à redouter de leur méchant eſprit:
Ma belle-mere & lui dans ce lieu vont ſe rendre,
Caché dans mon boudoir, je pourai les entendre.
Ils ignorent tous deux ce petit cabinet,
Que j'ai fait, dans le mur, pratiquer en ſecret;
J'ai trop beſoin d'être homme, & j'en ai trop d'envie,
Pour ne pas épier ceux dont je me défie.

Il ſe cache.

SCENE III.

IMPIAS, FESSARIDE, RATANPHOR *caché*.

FESSARIDE.

Vous, qui faites fumer l'encens sur les autels
De ce Dieu secourable aux malheureux mortels,
Vous, Prêtre de Priape, & son plus cher Ministre,
Organe de sa voix favorable ou sinistre,
Impias, vous sçavez que mes besoins pressans
Ne peuvent plus souffrir aucuns retardemens.
Dans mon cœur, à quinze ans, Cupidon se fit breche;
Il avoit son flambeau, le feu prit à la meche.
Depuis, aucun mortel n'a pû jusqu'à présent
Éteindre les ardeurs de cet embrasement.
Plus on cherche à calmer le feu qui me dévore,
Plus j'obtiens de secours, plus j'en desire encore.
J'ai fatigué, depuis environ soixante ans,
Tous nos Princes voisins, nos sujets languissans.
Le feu Roi mon Epoux, que j'excitois sans cesse
A me prouver l'excè: de sa vive tendresse,
Voulant rassasier mon bouillant apétit,
A ce noble dessein travailloit sans répit ;
Nerveux, trapu, robuste, ardent, plein de courage,
Il n'y pût résister, & creva sur l'ouvrage.
De ce tempérament les Dieux m'ont fait présent :
Mais ils ont dû former indubitablement
Un Mortel qui me puisse égaler pour la force.

A le trouver en vain jusqu'ici je m'efforce.
Je me fais un Serrail d'hommes de tous états ;
J'essaye tour à tour Rois , Ministres , Soldats ;
C'est pitié . je les vois renoncer à la peine.
Ne vous ai-je pas mis vous-même hors d'haleine ?
Voyons, cherchons encor , ne nous rebutons pas ;
Oui , j'en veux essayer jusques à mon trépas.

IMPIAS.

Votre fille , je crois , tiendra de vous , Madame.

FESSARIDE.

Le Prince son époux chatouille bien mon ame.
Peut être est-il celui que le ciel a nommé
Pour apaiser l'ardeur de mon cœur enflâmé ;
Il m'a donné dans l'œil : je n'ai pû vous le taire.

IMPIAS.

Aussi j'ai bien , Madame , avancé votre affaire.
D'un Oracle en secret par moi-même dicté ,
Le Roi veut pénétrer la noire obscurité ;
Sitôt que vous aurez déclaré votre flâme ,
Un jour , un jour nouveau descendra dans son ame ;
Il vous apliquera dans son jeune cerveau ,
Les mots embarrassans de spectre & de tombeau ;
Et verra que son corps n'a rien de mieux à faire ,
Aprenant vos desirs , que de les satisfaire.

    Instruit de votre ardeur , pour la favoriser ,
De peur qu'avec la Reine il n'allat s'épuiser ,
J'ai fait secretement prendre au Prince un breuvage ,

Qui malgré son amour le contraint d'être sage.
Le réfrigératif que contient la liqueur,
L'empêche jusqu'ici de cueillir cette fleur
Dont votre fille veut se défaire à toute heure ;
Elle en gémit sans cesse, elle en jure, elle en pleure ;
Mais son époux forcé de prendre du repos,
Sera pour vos desseins plus frais & plus dispos.

FESSARIDE.

Mais son terrible état dans le fond m'inquiéte ;
Pour moi, qui ne veut pas avec lui faire diète,
Dites-moi promptement comment je ferai .... pour
Que ce Prince avec moi ne reste pas tout court.

IMPIAS.

Lever cet embaras est la moindre vétille.
Faites-lui devant vous manger cette pastille,
Ce qui languit en lui reprendra sa vigueur,
Et vous pourez tirer parti de sa valeur.

FESSARIDE.

Mais s'il me croit bien vieille, aura-t-il le courage
De permettre à son chat d'aller à mon fromage ?

IMPIAS.

Ne lui faites manger de ce trésor caché
Qu'après que vous aurez bien fait votre marché.
Vous n'êtes pourtant pas encor trop décrépite ;
Et quoique bientôt prête à descendre au cocyte,
Vous avez le tein blanc & mêlé d'incarnat....

Et le Prince voudra sortir de son état.
Vous étiez autrefois aimable belle & fraîche ;
Mais le temps détruit tout ; c'est lui qui nous dépêche.
Comment faites-vous donc pour feindre des apas ?
Car je sçais dans le fond que vous n'en avez pas ;
Je sçais depuis longtemps que vous êtes borgnesse ;
J'ai vù pourir vos dents & tomber piéce à piéce :
Votre tête n'a plus que vingt-trois cheveux blancs ;
Et je vous vois deux yeux, cheveux bruns, & des dents.

FESSARIDE.

J'en conviens, Impias ; c'est la vérité pure ;
Mais l'art est fait aussi pour aider la nature.
Mon œil est remplacé par un autre d'émail
Si bien fait qu'on n'en peut soupçonner le travail.
Pour réparer mes dents dans ma bouche je fiche
Avec assez d'adresse un ratelier postiche.
Je me peins les sourcils, & j'ai de faux cheveux,
Je mets du blanc, du rouge, & le mets tout au mieux :
Ma gorge trop pendante, en plus d'un rouleau mise,
Est sur des coussinets artistement assise ;
Et pour cacher mes ans, j'ai fait dans tout l'État
Deffendre d'imprimer, ni vendre un Colombat.

IMPIAS.

Vous plaitez, Fessaride, & je veux qu'on m'étrille
Si vous ne valez mieux cent fois que votre fille.

FESSARIDE.

J'ai plus d'acquis.

IMPIAS.

Sans doute. Il est temps qu'à mon tour

Je vous dife pour qui je reffens de l'amour.
Bien plus jeune que vous , mon amoureux courage
Ne s'employe à préfent qu'avec un pucelage.
Mais l'aimable beauté , foumife à mes plaifirs ,
Ne me peut qu'un feul jour exciter des defirs.
Le lendemain l'ennui s'empare de mon ame ,
Il me faut auffitôt brûler d'une autre flâme ,
Et mon goût fatisfait , ce feu que j'ai fait voir
Si brillant le matin , s'éteint jufte le foir.
C'eft mon tic , ou plutôt c'eft ma délicateffe ;
Nous fommes finguliers chacun dans notre efpece.
De ce vin Champenois dont j'emplis mon jabot ,
On ne me voit jamais fabler que le goulot :
Quand je mange du lait , eh bien ; c'eft tout de même ;
Et de tout en un mot je ne prens que la créme.
La jeune Reine encore a fa virginité ,
J'en voudrois régaler ma fenfualité.

FESSARIDE.

Grand-Prêtre , combinés le temps de fa naiffance
Avec les temps heureux de notre intelligence ;
Par ce jufte calcul , vous ferez éclairci ,
Et verrez que ma fille eft votre fille auffi.

IMPIAS *en colere.*

Je ne veux point , Madame , entrer dans ce miftere ;
Qu'elle le foit ou non , cette vaine chimère
Ne peut mettre d'obftacle au plaifir fans égal
D'écrêmer la Princeffe en fon lit nuptial ;
Et pour tarir le cours de votre verbiage ,

Un Sculpteur n'eſt-il pas maître de ſon ouvrage ?
Vous voulez prendre, vous, un Gendre pour **Amant**,
Moi, je veux renchérir ſur votre acouplement.
Oui, ma fille verra, ſans que je m'en étonne,
Sur le même chevet ma Mitre & ſa couronne.
Je viens de me prêter à votre amour laſcif ;
Je ſuis Prêtre, Madame, & très-vindicatif ; ....
Je n'en dirai pas plus. (*ſe radouciſſant*) Combattrez-vous encore
L'innocente fureur du feu qui me dévore ?

FESSARIDE.

Impias, vous parlez avec trop de candeur.
A tel prix que ce ſoit, faiſons notre bonheur.

IMPIAS.

Adieu ; je vais au Temple où mon devoir m'apelle ;
Parlez en ma faveur à la Reine pucelle ;
Je ne veux qu'une nuit la tenir dans mes bras,
Le lendemain mon cœur ne s'en ſoucîra pas.

Il ſort.

SCENE IV.

RATANPHOR, FESSARIDE.

RATANPHOR *à part, ſortant du cabinet.*

QUELLE horreur ! où peut-on en tramer de plus forte ?
Qu'un Roi fait bien par fois d'écouter à la porte !

FESSARIDE.

Mon cher Roi ! mon bijou , vous paroiſſez rêveur ?
Votre front s'eſt couvert d'une vive paleur.
Ah ! vous broyez du noir , je n'en fais aucun doute.

RATANPHOR.

La maudite ſorciere !

FESSARIDE.

　　　　　Écoutés ; ſomme toute ,
L'himen ne nous rend pas également heureux ;
Les uns s'en trouvent bien , d'autres mal , d'autres mieux.
Il ſe pouroit très-fort que la Reine ma fille
Ne fût pas à préſent à vos yeux ſi gentille :
N'allez pas pour cela , cher enfant , vous chêmer.
Il eſt d'autres objets que vous pouvez aimer ;
Et j'ai pour vous , mon fils , une telle tendreſſe ,
Que je veux vous choiſir moi-même une Maitreſſe.
Ne ferai-je pas bien ? Qu'en dites-vous , poulet ?

RATANPHOR.

La maſque ! Tout d'un coup veut en venir au fait !
Mais feignons d'adorer cette infame chenille ,
Pour être poſſeſſeur de l'heureuſe paſtille.

FESSARIDE.

Vous répondez ſi bas , que je n'entens pas bien.

RATANPHOR.

Vieille , vous êtes ſourde , & vous n'en diſiez rien

FESSARIDE.

Hem ? Plait-il ?

RATANPHOR.

Feſſaride, il eſt vrai que la Reine
Me donne de l'humeur , & me fait de la peine ;
Et je ſouffre auprès d'elle & la nuit & le jour.

FESSARIDE.

Eh bien , il faut changer & d'objet & d'amour.
Il vous faudroit, je crois , une femme bien mûre
Dont toute la vertu fut beaucoup de luxure.

RATANPHOR.

Que vous devinez bien le ſecret de mon cœur !
Il me la faut ainſi pour faire mon bonheur.

FESSARIDE.

Une femme en amour qui ne fut pas novice ,
Et qui mieux que Vénus en connût l'éxercice.

RATANPHOR.

Oui ; c'eſt-là la Maitreſſe à qui j'offre mes vœux ;
Et vous me la peignés telle que je la veux.

FESSARIDE.

Eh bien , s'il eſt ainſi , mon fils , j'ai votre affaire.

RATANPHOR.

Mon choix eſt fait , Madame , & n'en ai plus à faire.

Et

Et n'ofant de mes feux nommer quel eft l'objet,
Du mieux que je pourai, j'en vais faire un extrait;
Et je crois que mon cœur par cette confidence,
Trouvera dans fes maux tant foit peu d'allégeance.
Celle que je veux dire a foixante & quinze ans,
Et fut belle au raport de mille vieilles gens;
Je le crois. Son portrait qu'on fit dans fon jeune âge,
De vieillir nous fait voir le fâcheux avantage:
Quand on met ce tableau près de l'original
C'eft un Ange célefte auprès d'un infernal;
Mais fes apas flétris me caufent peu d'alarmes,
Je n'ai devant les yeux que fes antiques charmes.
Elle eût de beaux cheveux, elle eft chauve à préfent;
Son teton va chercher fon genou fléchiffant,
Elle n'a qu'un bon œil, il eft bordé de rouge;
L'autre d'émail jamais de fa place ne bouge.
Son tein de gratte-cul n'eft couvert que de fard.
Elle achepte fes dents chez Mouton & Fauchard.
Mais malgré tout cela, malgré fon œil de verre,
Ses rides & fes peaux, & malgré fon cotére,
Admirés le pouvoir de ce Dieu fou pomé,
Je l'adore & je meurs fi je n'en fuis aimé.

FESSARIDE.

Ah! c'eft moi dont il parle! Amour! Que je fuis aife!
Mais je ne vois ici ni matelas ni chaife. ...
D'un tel aveu mon Roi, va n'apréhende rien;
Car mon cœur dès longtemps a devancé le tien.

RATANPHOR *à demi bas.*

Ah! Comme ton vieux cœur femble mordre à la grape?

Mais tu tiens la paſtille ; il faut que je l'atrape.

FESSARIDE.

Ne marmote donc point , mon fils, entre tes dents.

RATANPHOR.

Sçachez le plus cruel de tous les accidents.
A quoi m'aura ſervi de déclarer ma flâme ?
Vous m'allez déteſter dans le fond de votre ame.
Le Deſtin m'a repris , tant il eſt irrité ,
Le plus bel attribut de notre humanité ;
Et je me vois réduit à ne pouvoir plus faire
L'office d'un Amant , d'un Mari ni d'un Pere.
Je pleure ce malheur moins pour moi que pour vous.
Que ferez-vous de moi dans ces momens ſi doux ? ...
Mon corps brûle en dedans , tout le dehors eſt tiéde.

FESSARIDE.

Je conçois ton chagrin , & j'en ai le remede.
Tiens , dans cette paſtille eſt ton fameux deſtin.
On brave en la mangeant le plus brave Auguſtin.
Tu ne devras qu'à moi le plaiſir de renaître.
Mais auſſi je retiens tout le ſuc de ton être.
Pour un ſi cher bonbon , jure moi que d'un an
D'autre que moi n'aura ton amoureux nanan.

RATANPHOR.

Je ne veux point jurer. Les ſermens ſont frivoles :
Il faut des actions , & non pas des paroles.

FESSARIDE.

Évitons les témoins, quelqu'un vient en ces lieux,
Dans mon apartement nous feront beaucoup mieux.

RATANPHOR.

Venez donc travailler à ma métamorphose,
Et de ma gratitude essuyer une dose.

Ils fortent.

SCENE V.

IMPIAS, BÉLENDRAPS, *fuitte.*

IMPIAS.

D'Etre feul avec vous, Madame, j'ai befoin.
Ordonnez qu'on nous laiffe un moment fans témoin.

Bélendraps fait figne à fa garde
de fe retirer.

Vous m'avez accepté, Princeffe qu'on contemple,
Pour vous donner le bras au fortir de mon temple,
Priape que j'y fers m'a valu cet honneur;
J'en rends grace à ce Dieu dans le fond de mon cœur.
Pour fe rendre en ce jour à tous vos vœux propice,
Vous lui venez d'offrir un Bouc en facrifice;
Je connois vos befoins, & dans les inteftins
De l'animal infect j'ai lû tous vos deftins.

BÉLENDRAPS.

Quoi donc? Ce Bouc fendu par un couteau de cuivre....

B ij

IMPIAS.

Ses tripes, ſes boyaux, Reine, voilà mon livre.
Le paſlé, le préſent, l'avenir ; je vois tout.

BÉLENDRAPS.

Hé bien, qu'avez-vous lû : Voyons juſques au bout.

IMPIAS.

Des liens de l'himen dont vous êtes bridée,
Votre eſprit s'étoit fait une plus douce idée.
Vous avez un mari qui tâte à tout moment,
Qui tâte, qui retâte ; & c'eſt tout.

BÉLENDRAPS.
Juſtement.

IMPIAS.

Fatiguée à la fin de n'être que tâtée,
D'avoir un autre époux vous êtes bien tentée.

BÉLENDRAPS.

Ah ! que le Bouc & vous, vous en ſçavez tous deux !
Mon deſtin, Impias, eſt d'autant malheureux,
Que ſi je veux aller en ville, à la campagne,
De l'Amour en tous lieux l'image m'accompagne.
Je ſçais par des Serins qui bâtiſſent leurs nids,
Qu'ils ont tous travaillé pour faire des petits.
Ici, ce ſont Lapins qui couvrent leurs femelles,
Là, grimpé ſur ſa poule, un Coq étend les ailes.
Dans les champs j'aperçois l'innocente Iſabeau,

Secourir de fa main la Vache & le Taureau ,
Je ne vois rien enfin dans toute la nature
Qui ne trace à mes yeux l'amour & fon allure.

IMPIAS.

Certain boyau du Bouc , dit que du célibat
Je pourai vous guérir fous mon Pontificat.

BÉLENDRAPS.

Si vous faites ceffer cet état de trifteffe ,
Mes perles font à vous , mes bijoux , ma richeffe.

IMPIAS.

De vos bijoux royaux , le plus petit fuffit.
Encor , je n'en demande , hélas , que l'ufufruit.

BÉLENDRAPS.

Quel eft-il ?

IMPIAS.

C'eft celui que le Roi laiffe en friche.

BÉLENDRAPS.

Impias ! avec lui vous voulez que je triche !
Ce que vous demandez eft à lui , c'eft fon bien.

IMPIAS.

Mais à lui comme à vous , ce bien ne fert à rien.
En faveur de quelqu'un s'il faut vous en défaire ,
Que vous fait que ce foit ou pour Jacque ou pour Pierre ?
Croyez-vous donc pouvoir toute une éternité
Conferver ce joyau de la virginité.   B iij

BÉLENDRAPS *à part.*

Ah ! que par le besoin une ame est ébranlée !
Prens garde , ma vertu, de prendre ta volée.

   A IMPIAS.

Vous pensés qu'en l'état où mon sort est réduit ,
Je puis mettre sans crime un second dans mon lit ?

IMPIAS.

Oui , croyez-moi , Madame , une Princesse sage
Peut introduire un tiers au sein de son ménage.
Et pour vous le prouver , écoutez un moment.
Vous n'avez pas sur vous pour un seul vêtement ;
Vous portez la simare , & l'écharpe & la veste ;
Vous mettez un manteau pour couvrir tout le reste :
Voilà comme il en faut user entre nous trois ;
Sous les loix d'un mari soyez cent & cent fois,
De ce titre avili mon ame est peu jalouse ;
C'est un manteau qu'on prend qu'un homme qu'on épouse ,
Qu'il soit donc le manteau , mais sans tant de mic mac,
Je vous servirai , moi , de piéce d'estomach.

BÉLENDRAPS.

Grands Dieux ! que son discours prend sur moi de puissance ?
Je ne sçais pas pourquoi si longtems je balance.

IMPIAS.

Rien ne vous servira de vouloir reculer ;
Ce n'est pas d'aujourd'hui que je sçais violer.

BÉLENDRAPS.

Violés-moi , pour voir ? (*à part.*) Ah ! mon ame troublée ,
N'afpire-tu pas trop à te voir violée ?

A   IMPIAS.

Mais enfin , je ne dois aimer que mon époux ;
Il faudra donc auffi que je vous aime , vous ?
Car ce bijou caché que votre amour implore ,
Ne s'accorde , dit-on , qu'à ceux que l'on adore.

IMPIAS.

J'ai de l'amour affez Bélendraps pour nous deux ;
Non , Madame , être aimé n'eft pas ce que je veux ;
Vous pouriez me taxer de trop de fuffifance ,
Et je ne veux de vous qu'un peu de complaifance.

BÉLENDRAPS *à part.*

Que par fa modeftie il fçait plaire à mon cœur !
Je ne puis réfifter à faire fon bonheur.
Raifon , vertu , devoir , pudeur & bienféance ,
Sortez tous de mon ame , ou bien faites filence.

A   IMPIAS.

Tenez voilà la clef de mon apartement ,
Dans ma chambre à coucher venez fecrétement ,
Auprès de mon époux , pendant fon premier fomme ,
Je fçaurai cette nuit fi vous êtes un homme.

IMPIAS *fe jettant à fes pieds.*

Ah ! fouffrez qu'Impias embraffe vos genoux :
Ne fermez pas ce foir votre porte aux verroux ,

Et vous verrez tantôt si votre époux de neige ,
De l'Amour , mieux que moi , sçait faire le manége.

BÉLENDRAPS.

Pour moi cette promesse est un grand avant-goût ;
Adieu.... N'oubliez pas votre passe-partout.

SCENE VI.

RATANPHOR , IMPIAS, BÉLENDRAPS, GARDES.

RATANPHOR *surprenant* IMPIAS *aux genoux de la Reine , lui baisant la main.*

Impias à vos pieds ? Ne lui laissez rien faire ;
Ce monstre , ce coquin , ce Prêtre est votre pere.

BÉLENDRAPS.

Lui ?

IMPIAS.

Moi ?

RATANPHOR.

Toi.

IMPIAS.

Moi ?

RATANPHOR.

Toi.

BÉLENDRAPS.

Lui ?

RATANPHOR.

> Par Feffaride & toi.

J'ai fçu tous les complots machinés contre moi.
Dans l'avenir, dis-tu, tu fçais lire à merveilles ;
Devines-tu le fort qui te pend aux oreilles ?

BÉLENDRAPS *à part.*

Il femble que le ciel n'occupe fon loifir
Qu'à mettre à tout moment obftacle à mon plaifir.

RATANPHOR *à fes Gardes.*

Qu'on l'ôte de mes yeux. J'ordonne qu'il fubiffe
Dans la place au charbon, un trop jufte fuplice.

A IMPIAS.

Tu feras empalé, Prêtre fans foi, ni loi,
Qui veut faire porter des cornes à ton Roi,
Je veux que Feffaride à travers fa fenêtre
Regarde avec douleur embrocher fon Grand-Prêtre.

BÉLENDRAPS.

Arrêtés ; fufpendez un ordre rigoureux
Qui fait fur tout mon corps hériffer mes cheveux.
Mais comment fe peut-il, Seigneur, qu'il foit mon pere ?

RATANPHOR.

C'eft, Madame .... en couvrant la Reine votre Mere.

BÉLENDRAPS.

Eh bien, je vous deffens de le faire périr.
Dans un cachot plutôt qu'on le laiffe pourir.

RATANPHOR *se tournant vers sa Garde qui*
enmene **IMPIAS.**

J'y confens. (*à la Reine.*) A fes vœux vous n'êtiés point con-
traire ?
BÉLENDRAPS.

Mais ... je penchois pour lui ... parce qu'il eft mon Pere.
Ne vous étonnez point fi fon difcours vainqueur,
Me paffant par l'oreille, alloit droit à mon cœur ;
Dans le brouillamini d'une telle avanture,
L'Amour avoit prêté fon mafque à la Nature.

RATANPHOR.

Ma Princeffe , aprenez que je fuis en état
De pouvoir vous prêter le colet au combat.

BÉLENDRAPS.

Ah ! s'il eft vrai , Seigneur , prouvez-le à votre Epoufe.

RATANPHOR.

Oui , je vais vous prouver que neuf & trois font douze.
Feffaride paroît , laiffons-là dans ces lieux
Exhaler fes tranfports , & chanter pouille aux Dieux.

Ils fortent.

SCENE VII.

FESSARIDE *seule.*

J'Étouffe, je me meurs, j'enrage, je fuffoque.
Vénus ! Peux-tu fouffrir que de moi l'on fe moque ?
Qui plus que moi jamais encenfa tes Autels ?
Venge toi , venge moi du plus vil des mortels.
Auprès de Ratanphor fur mon lit je me couche ,
Je lui mêt de ma main la paftille en la bouche ,
Il l'avale , & je vois changer en un clin d'œil ,
Au gré de nos fouhaits , la caufe de fon deuil ;
Ce doux préfent des Dieux , d'une viteffe extrême
S'éleve audacieux au-deffus de lui-même ;
Mais ce Roi trop ingrat , en s'enfuyant avec ,
Me paffe infolemment la plume par le bec.
Je faute & cours après , de peur qu'il ne m'échape ;
Furieufe , égarée , aux cheveux je l'atrape ,
Mais il prend fes cifeaux , & ce coup malheureux
Ne me laiffe de lui qu'un toupet de cheveux.
Il fuit , ferme la porte , & pour comble d'injure ,
Il me dit mille horreurs à travers la ferrure.
O défefpoir affreux ! fatal revers du fort !
Je ne vaux pas , dit-il , le pet d'un ane mort.

Elle tombe dans un fauteuil.

SCENE VIII. & derniere.

LE CAPITAINE des Gardes, FESSARIDE, GARDES.

LE CAPITAINE *des Gardes donnant une Lettre à* FESSARIDE.

C'Est de la part du Roi.

FESSARIDE..

Quelque foit ce meffage,
Il ne peut rencherir fur fon dernier outrage.
Elle lit.

» Je prétens à jamais que votre apartement
» Vous ferve de prifon ; c'eft votre châtiment.
» Vous n'aurez près de vous qu'une vieille ridée ,
» Efclave, dont toujours vous ferez obfedée ;
» Et pour mettre en gaîté votre corps décharné ,
» Rien n'entrera chez vous qu'il ne foit chaponé.
» Je vous écris au lit, Madame , où votre Fille
» Recueille tout le fruit que produit la paftille.
» Cette occupation ménageant nos fouliers ,
» Nous donnera dans peu bon nombre d'héritiers.

Elle mord & déchire la Lettre.

Au CAPITAINE *des Gardes.*

Tiens , tiens , voilà le cas que je fais de fon ordre ,
Dis que tu me l'as vû déchirer , cracher , mordre ;
Et raporte à ton Roi les fincères fouhaits

Que je lui fais ici, pour prix de ses bienfaits.
Éxaucez-moi, grands Dieux ! & que sa tabatiere,
Quand il prend du tabac, se renverse par terre,
Qu'il ne puisse un moment être seul quand il veut ;
Qu'il ne trouve jamais de Fiacre quand il pleut,
Que quinze fois par mois sa montre se dérange,
Qu'il ne puisse grater où cela le démange,
Que toujours constipé, jamais un lavement
Ne se puisse glisser jusqu'à son fondement ;
Que sa poitrine soit tous les jours enrhumée,
Que sa chambre l'hiver soit pleine de fumée,
Qu'il ne puisse jamais voir murir ses raisins,
Qu'il soit toujours piqué de puces, de cousins,
Que la foudre du ciel tombe sur sa péruque,
Qu'il soit cocu sans cesse, & mille fois Eunuque.

LE CAPITAINE *des Gardes.*

Madame, si le Roi vous entendoit parler,
Un tel discours suffit pour vous faire empaler.

FESSARIDE.

Empalés, j'y consens ; si pour grace derniére,
On ne m'empale pas aumoins par le derriére.
   Les Gardes entourent Fessaride, & l'emmenent.

FIN DE LA PIÉCE.

SPORT

Chasses & Courses

IMPORTANTE RÉUNION D'ESTAMPES SUR LES

Vélocipèdes, Voitures à vapeur, Chemins de fer

Exposition publique le Dimanche 13 Décembre 1896, de 2 heures à 5 h. 1 2

Me Maurice **DELESTRE**
Commissaire-Priseur
5, Rue Saint-Georges

M. Louis **BIHN**
Marchand d'Estampes
69, Rue de Richelieu

Et **M. Auguste GEOFFROY**

PARIS — 1896

CATALOGUE

D'ESTAMPES ANCIENNES

RELATIVES AUX

SPORT, CHASSES, COURSES

JEUX

Œuvres de : ALKEN, CAMPION ET HERRING,
CRUIKSHANK, A. DE DREUX, GÉRICAULT, HUNT, JUKES,
MORLAND, ROWLANDSON,
SARTORIUS, C. ET H. VERNET, WATTEAU, ETC.

Importante Réunion

DE

GRAVURES ET LITHOGRAPHIES

CONCERNANT LES

Vélocipèdes, Voitures à vapeur, Chemins de fer

formée par **M. W···**

DONT LA VENTE AUX ENCHÈRES PUBLIQUES AURA LIEU

HOTEL DES COMMISSAIRES-PRISEURS, RUE DROUOT, N° 9

SALLE N° 10

Le Lundi 14 Décembre 1896, à deux heures précises.

Mᵉ **MAURICE DELESTRE**, Commissaire-Priseur, 5, Rue Saint-George.

Assisté de :

M. **LOUIS BIHN**, marchand d'Estampes, en face la Bibliothèque Nationale,
69, rue Richelieu, et 1, rue Rameau,

et de M. **AUG. GEOFFROY.**

EXPOSITION PUBLIQUE : le Dimanche 13 Décembre 1896,
De deux heures à cinq heures et demie.

CONDITIONS DE LA VENTE

Elle sera faite au comptant.

Les acquéreurs paieront CINQ POUR CENT en sus des enchères applicables aux frais de vente.

L'expert chargé de la direction de la vente, se réserve la faculté de rassembler ou de diviser les lots.

Dès la réception du présent catalogue, MM. les Amateurs pourront visiter les estampes au bureau de l'expert, 1, rue Rameau.

N. B. — Le nombre de pièces contenues dans les **lots** *est indiqué en* **chiffres** *au bout de la ligne.*

Toutes les pièces étant en bel état, nous nous sommes dispensés de l'indiquer au Catalogue.

DÉSIGNATION

ADAM (Victor)

1 — Chasse au canard, — Postillon montant un cheval cauchois, — Petites Macédoines, etc.   7

2 — Chasse aux faisans, — aux coqs de bruyère, — aux lièvres, — à l'ours, — aux chevreuils, — aux oiseaux de proie, etc.   31

ALKEN (Henry)

3 — Titre pour *British Sports*. Londres, 1821. Jolie pièce coloriée. Marge.

4 — The High Mettled Racer. Suite complète en couleur publ. en 1821 par Fuller.   6

5 — The right sort doing the thing. Suite complète en couleur, impr. par Hullmandel et publ. en 1822.   6

6 — A Difficulty. Going through, — Flying, — Going down. — Going over. Suite complète en couleur. Encadrées. 4

7 — Aylesbury grand steeple-chase. Février 1866. In-fol. en couleur, par Bentley.

BARTOLOZZI (F.)

8 — The Return from Shooting, d'après Weatly, 1803. In-fol. Très belle épreuve.

9 — Fox hunting, d'après Barret. Pièce publiée à Londres en 1783. In-fol. Grande marge.

BEST (F.)

10 — Coaches. Jolies aquarelles faisant pendants, (0,56×0,25), dont une signée.   2

11 — Fox hunting. Aquarelles faisant pendants, (0,55×
0,24). 2

BILLARD (Pièces sur le Jeu de)

12 — Four Ways of Getting a Living. In-fol., coloriée, par
Seymour. Publ. en 1827, par Mc Lean.

13 — Political Billiards. In-fol., coloriée, par W. Heath.
Publ. en 1829, par Mc Lean.

    Très curieuse pièce satirique relative à la guerre de Morée.
Tous les Souverains de l'Europe y figurent. Les frères de Napoléon
y sont tournés en ridicule. L'ombre portée d'un des joueurs, le
ministre anglais, décrit la silhouette de l'Empereur.

14 — A Billiard Match, — Bonne Compagnie, etc., par
Bunbury, H. Monnier et Alken. Coloriées. 3

BOXE et la LUTTE (Pièces sur la)

15 — La Lutte Kalmouque, par E. Scotnikoff, d'après Kor-
néeff. In-fol. En couleur. Toute marge.

16 — Le Combat à coup de poigno par Hemskerck. In-fol.,
à la manière noire. Publ. par J. Bowles.

17 — Rules to be observed in all battles on the stage. Cu-
rieux placard in-fol., colorié, publ. en 1743. Réimp.

18 — Molineaux, — A Striking view of Richmond. Portraits de Boxeurs représentés en pose, faisant pendants,
par Dighton. In-fol. coloriées. 2

19 — Sporting anecdotes. Fighting it out, or the Colonel
and the Kentucky Boatman. In-fol. en couleur, par H.
Alken. Encadrée.

20 — Portraits de Boxeurs, publ. par Smeeton en 1812-
1813. Série grand in-8, à deux sur la feuille. 27

21 — The Baker Kneading Sammys Dough. Petit in-folio.,
par Cruikshank. Coloriée.

22 — Description of a Boxing Match, 9 janvier 1806 ;
Combat entre Ward et Quirk. In-fol., par Rowlandson.
Coloriée. Rare.

23 — The Great Fight between Broome and Hannan for
1000 pounds, 26 janvier 1841. Grand in-fol., par G.
Hunt d'après Heath. Coloriée. Raccom. Encadrée.

24 — Un Jour de Courses à Epsom. Très curieuse estampe
représentant différentes scènes de chanteurs, *boxeurs,*
bateleurs, etc. In-fol. En couleur. Vernie. Encadrée.

25 — Le Boxeur blessé et ses Parieurs consternés. Caricature coloriée publ. par Martinet. Toute marge.

26 — Friendly Triumphs, — Doctor's differ, — Westminster Pugilism. Caricatures coloriées. Marges.   3

27 — A Sketch of the Row in Parliment street, — The
Great Battle for the Champion Ship. Caricatures politiques par Cruikshank. Coloriées.   2

28 — Essay on Duelling, — The Political Contest, — War
Establishment, — The Meeting of Parliament, —
The Battle of Whigs. Curieuses pièces satiriques,
publ. en 1785-91. In-fol. Coloriées.   5

29 — Boxiana, or Sketches of ancient and modern Pugilism. Londres, 1823-24-30. Trois vol. in-8 cart. Texte
seul.   3

30 — Lutte et Boxe. Réunion de pièces intéressantes,
gravées et lithographiées.   6

BUNBURY (d'après H.)

31 — A College gate. Divines going upon Duty. In-fol. en
bistre, par Watson et Dickinson, 1780. Marge.

BURDE (F.)

32 — La Tigresse, — Claude, — Rainbow. Portraits de
chevaux dessinés et lithogr. par Burde. In-fol. Toutes
marges.   3

CAMPION et HERRING (d'après)

33 — Prix spécial de 5,000 francs. Chantilly. Mai 1841. —
Prix du Jockey-Club, 7,000 francs, Chantilly, Mai
1841. Suite de quatre pièces faisant pendants, gravées
par Hunt, et publ. par J. Moore en 1841, avec dédi-
cace au Duc d'Orléans.   4

Magnifiques épreuves en couleur, de la plus grande fraîcheur
et avec toute leur marge. Très rares à rencontrer en aussi belle
condition.

CLEARY (pub. by)

34 — Posting in Ireland, — Posting in Scotland. Curieuses
caricatures faisant pendants. Coloriées.   2

CORBOULD (d'après R.)

35 — Timber Carriage. In-fol. à la manière noire par P.
Dawe. Belle épreuve.

CRUIKSHANK (G.)

36 — Going it! — Coming it! Curieuses pièces satiriques
sur les Dandys, publ. en 1824 par G. Humphrey. En
couleur.   2

DIGHTON (R.)

37 —A view near Hyde Park corner, — The specious orator.
Caricatures coloriées sur les Auctioneers. Toutes
marges.   2

38 — A Hero of the Turf and his Agent, — A Gentle ride
from Exeter Change to Pimlico, — Lord Dashalong
bent on driving. — My ass in a band box, etc. Curieuses caricatures coloriées sur les Sportmen. In-fol.
Toutes marges.   6

DIVERS

39 — French Postilions — English Post-Boys. Pendants
in-fol. en couleur, publ. en 1834, par Ackermann.
Marges.   2

40 — The Comforts of being drove like a Gentleman. —
The Consequences of being drove by a Gentleman.
Pendants. In-fol. Coloriées. Encadrées.   2

41 — All Rigth! — Hold Hard! — Quite full! — The
Leader in the ditch! Suite de lithographies en couleur. 4

42 — Le Tir à l'oiseau à Ratisbonne, — La Fête des bou-
chers à Munich, — Voitures et Traîneaux à Hambourg.
Etc. Jolies pièces en couleur.   7

43 — A Trip to the Dargle, or the Pleasures of Jaunting.
Curieuse caricature coloriée.

44 — Lot 1, — Lot 2. Caricatures coloriées, publ. en 1829,
sur deux membres du Parlement. Toutes marges.   2

· **44** *bis* -- Sous ce numéro, il sera vendu un carton d'estampes, que le temps ne nous a pas permis de cataloguer.

DREUX (Alfred de)

45 — Grand Steeple-Chase à la Croix de Berny, 19 avril 1846. In-fol., d'après A. de Vienne. Lithographie teintée. Très belle et très fraîche épreuve, avec toute sa marge.

Rare.

46 — La promenade, — Retour de la Course. In-fol. Lithographies teintées de Eug. Cicéri. Très belles épreuves, à toutes marges. 2

47 — Etudes variées. Lithographies teintées de Jaime. 6

48 — Promenades équestres. Lithographies de Dreux et teintes de Cicéri. In-fol. 5

DUBOURG

49 — Combats de taureaux. D'après Clarck. Suite complète avec la vue générale de l'arène. Londres, 1813. En couleur. 13

DUNCAN (E.)

50 — Returning from Ascot Races. Grand in-fol. En couleur. D'après C. Henderson.

GÉRICAULT

51 — Retour de Russie (Clément 12, R. R.). Lithographie in-fol., imprimée à deux teintes. Magnifique épreuve du 1er état, avant la lettre et avec l'adresse de Motte. Marge.

Très rare.

52 — Le Factionnaire Suisse au Louvre (Cl. 14, R. R.). Superbe épreuve du 2e état, avec la 1re adresse. (H. Vernet a dessiné les Tuileries que l'on voit dans le fond de la pièce). Rare.

53 — Chevaux de ferme, — La Voiture de charbon, — Chevaux allant au Marché, — Chevaux à l'écurie, — Chevaux à la promenade, etc. Lithographies in-fol de Villain et Engelmann. Très belles épreuves. Toutes marges. 6

54 — A French Farrier, The Flemish Farrier, The coal
Waggon, Horses going to a fair. Lithographies in-fol.,
de la suite anglaise, publiées à Londres en 1821. Très
belles épreuves, d'une grande rareté. Marges.   4

GILLRAY (J.)

55 — Hounds in Full-Cry, — Hounds Finding, — Hounds
Throwing off, — Coming in at the Death. Curieuses
pièces caricaturales, coloriées. Publ. en 1800, par Humphrey.   4

GREEN (V.)

56 — Scene in a Country Town at the Time of a Race.
D'après W. Mason. In-fol. En couleur. Publ. en 1789,
par J. Brydon. Toute marge. Rare.

GURK

57 — Voitures de Vienne. In-fol. En couleur. D'après
J. Hochle. Jolies pièces.   6

HAVELL (F.-J.)

58 — The Blenheim leaving the Star Hotel, Oxford. In-fol.
En couleur. D'après G. Havell, 1831.

HOGARTH (W.)

59 — A Cock fight. In-fol., 1759. Curieuse pièce.

HUNT (Alfred)

60 — The Derby day. Epsom downs. Vers 1863. In-fol.
Coloriée. Encadrée.

HUNT (Ch.)

61 — The Birth Day Team. In-fol. Coloriée. Texte au bas.
Toute marge.

HUNT G.)

62 — A Rigmaroll, — Returning from a Trip to Loch Lo-
mond. Curieuses pièces sur les mœurs, publ. en 1825.
In-4. Coloriées.   2

JEUX

Raquette, Jeu de la Crosse, etc.

63 — Rackets. Petit in-fol., en couleur, par G. Hunt, d'après Th. Lane. Très belle épreuve. Rare.

64 — Rural Sports or Game at quoits. In-fol., coloriée, par Rowlandson. Marge.

65 — Gare aux Nez, ou le Jeu de Volant, — Le Volant, par Bosio, — Jeu de Bague volante. In-fol., coloriées, tirées du *Bon Genre*. 3

66 — Schuttle Cocks and Mackerel, — A Parliamentary Game of Schuttlecock, — Peace or War, etc. Caricatures politiques en noir et coloriées. 4

67 — A Cricket Match, played at Brighton. Petit in-fol. en couleur, par G. Reeves, d'après J. Jarvis. Pièce publ. en 1836. Encadrée.

68 — Cricket at Lord's in 1822. Grand in-fol., coloriée. Réimp.

69 — Rules and Instructions for playing at Skittles, — The Laws of the noble Game of Cricket. Curieuses pièces in-fol., coloriées, publ. en 1786-1809, et donnant règlement sur les jeux de la Quille et de la Crosse. Réim. 2

JUKES (J.)

70 — Une Course de chevaux, les chevaux se préparant à courir, — Une Course de chevaux en Angleterre. In-fol., faisant pendants, d'après W. Mason. Publ. en 1780 par Pollard. Superbes épreuves en couleur. 2

Dans la seconde pièce. la femme qui est en voiture, à gauche, représente le portrait de Mrs. Fitzherbert. Très rare.

KLEIN

71 — Fête au Champ de Mars, le dimanche 22 mai 1831, dédiée à la Garde nationale, par Eugène Robertson. In-fol. Lithographie de Engelmann. Pièce à ballons.

LANDSEER et RAMSAY (d'après)

72 — The twa dogs, — The Spaniel. Pendants, in-fol., par Gibbon et Webb, 1828. Marges. 2

LEWIS

73 — Inn Yard at Calais. D'après Frederick George Byron Esq., 1802. In-fol. En couleur.

74 — A Visit to the Convent at Amiens. D'après Byron, 1803. In-fol. En couleur.

75 — Breakfast at Breteuil. D'après Byron, 1801. In-fol. En couleur.

76 — Changing horses near Clermont. D'après Byron, 1802. In-fol. En couleur.

77 — Returning from a Review at the Champ de Mars in Paris. D'après Byron, 1802. In-fol. En couleur.

Ces cinq pièces forment une suite complète. Elles sont très fraîches et ont une bonne marge. Très rares à rencontrer en cet état. Pourront être réunies.

LOUTHERBOURG (d'après P.-J. de)

78 — A View of the Black-Lead mine, in Cumberland, par C. Prestel, 1787. In-fol., en bistre, publ. en 1788. Marge.

79 — Les Voyageurs. In-fol., par V.-M. Picot. Pièce publ. en 1794 par C. Knight.

MONTAGNES RUSSES (Estampes sur les)

80 — Montagne de glace sur l'Irtiche à Tobolsk. In-fol., en couleur, par Kornbeff. Toute marge.

81 — Montagnes à glace sur la Néva, par Demame-Demartrait, — Les véritables Montagnes Russes. Lith. par Arnoul, d'après Sauerweid. In-fol. Jolies pièces à personnages.   2

82 — Montagnes de glace, — Jeu des Montagnes de glace. Lith. in-fol., coloriées, de Lasteyrie.   3

83 — Promenades aériennes, jardin Beaujon, honoré de la présence de S. M., le 2 août 1817, — Saut du Niagara, au jardin Ruggiery, rue St-Lazare. In-fol., par Garneray.   2

83 *bis* — Jardin Beaujon. Montagnes Françaises. In-fol., coloriée, par Caroline Naudet ; 1817.

84 — La Course des Montagnes Russes à Paris. (*Suprême Bon Ton*, nᵒ 29), — L'Egoïsme personnifié, — Les Montagnes Russes à la Barriére du Roule, — La Ramasse, – Promenades aériennes, — Montagnes artificielles de Belleville (*Bon Genre*, nᵒˢ 73, 97, 99, 102, 105). Réunion intéressante de pièces en couleur peu communes.   6

85 — Les Montagnes Russes, ou la Promenade à la Mode, — Délassements militaires, — Grandes Manœuvres. In-fol., en noir et en couleur.   3

MORLAND (d'aprés G.)

86 — Girl and calves, par W. Ward. In-fol. En couleur. Publ. en 1803. Trés belle épreuve. Marge.

87 — Partridge Shooting, par Catton. In-fol. En couleur. Publ. en 1789, par Smith. Très belle épreuve.

88 — Morning, First of September, — Evening, First of September. Pendants petit in-fol. Coloriées. Grandes marges.   2

PATINAGE (Estampes relatives au)

89 — Skaiting. In-fol. En couleur. Par J.-A. Atkinson. Publ. en 1807. Marge.

    Rare.

90 — Elements of Skateing. Suite complète de caricatures coloriées, publ. en 1805, par Humphrey.   4

91 — Cold Broth and Calamity. Petit in-fol., en couleur, par Rowlandson, 1792. Publ. par S.-W. Fores.

92 — Paul Pry's Winter Engagement, — A Canadian Winter, — Paris l'hiver, etc. Caricatures par Gillray, Daumier et autres. En noir et coloriées.   5

93 — L'Hiver de 1788-89 sur le Ghiaccia da Mestre, à Venise, — Scènes de Patinage, par Ostade et Van de Velde. In-fol.   3

94 — Winter, — Skaiting Dandies. In-fol., coloriées par Cruikshank et Williams.   2

PHIZ

95 — How Pippins enjoyed a day; with the Fox hounds. Suite complète de douze lithographies, en couleur, dans le cartonnage d'édition. Publ. en 1863 par Messrs Fores. Quelques raccom. Rare.

PYALL (H.)

96 — The Cut infernal, — The Cut direct ! Pendants petit in-fol. En couleur. Publ. en 1825 et 1826.　　　2

ROBERTS

97 — John Bull treating Buonaparte on his arrival in London, to a Jaunt in an Up-and Down, at Bartholomew Fair. Curieuse pièce satirique in-fol., publ. en 1803, où Bonaparte est représenté en haut d'une grande roue tournante. Coloriée.

ROLAND (A Paris chez)

98 — Voiture du jour, — Les Inconvénients de la Mode. Curieuses pièces in-folio en couleur, faisant pendants. Marges.　　　2

ROWLANDSON (T.)

99 — French travelling, or the first Stage from Calais, — English travelling, or the first stage from Dover. Pendants grand in-fol. par Jukes, publ. en 1785 par Smith. Très belles épreuves en couleur. Rares.　　　2

100 — The high mettled Racer. Pendants in-fol., par Hassel. Publ. en 1789, par S.-W. Fores. Très belles épreuves en couleur. Restaur.　　　2

101 — The life of the Race Horse. Réductions très rares des pièces précédentes, publ. par Le Petit. Suite complète. Coloriées.　　　4

102 — Mr. Bullock's Exhibition of Laplanders. In-fol. En couleur. Rare.

103 — Miseries of travelling. 1807. In-fol. Coloriée.

SARTORIUS (d'après J.-N.)

104 — Match entre Hambletonian et Diamond, 25 mars 1799. Pendants in-fol. par Whessel, publ. en 1800 par J. Harris. Marges.　　　2

105 — Hambletonian, — Diamond. Pendants in-fol., par Whessel. Portraits des deux chevaux précédents. Marges. 2

106 — Skylark, — Skyscraper, — Buzzard, — Lurcher, — Hambletonian, — Warter. Portraits de chevaux, publ. par Laurie et Whittle. Très belles épreuves en couleur. 6

SEYMOUR (d'après J.)

107 — A Flying Leap over a Gate. Petit in-fol. en couleur. Publ. en 1794, par Laurie et Whittle. Marge.

STUBBS (d'après G.)

108 — Protector, — Sweet-William. Portraits de chevaux gravés par Townly-Stubbs et publ., l'un en 1794, l'autre en 1817. In-fol. très belles épreuves. 2

VERNET (d'après C.)

109 — La Chasse au Cerf : Le retour. Grand in-fol., par Debucourt. Magnifique épreuve. *Avant toute lettre.* Toute marge.

Rare.

110 — Les Chiens ayant perdu la trace. Grand in-fol., par Debucourt. Très belle épreuve, à toute marge. Encadrée.

111 — La Chasse. In-fol., par Jazet. Belle épreuve, marge. Encadrée.

112 — Chasseur aux écoutes, — Amazone égarée. Pendants petit in-fol., par Jazet. Belles épreuves. Encadrées. 2

113 — La Calèche, par Debucourt. In-fol. Très belle épreuve, avant toute lettre. Raccom.

114 — Le Départ, — La Course. Pendants in-fol., par Jazet. Très belles épreuves. Marges. 2

115 — Le Départ du chasseur, — Le Chasseur, — Le Chasseur au tirer. — Le Retour du Chasseur. Suite complète, gravée par Debucourt. In-fol. Très belles épreuves. Bonnes marges. 4

116 — Cheval anglais préparé pour la course, — Cheval anglais partant pour la course. Pendants in-fol., par Marchand, 1797. Rares.   2

117 — Le Cheval bouchonné, — Le Jockey au montoir. Petit in-fol., en couleur, par J. Darcis. Marges.   2

118 — Le Galop, — La Barrière franchie. Petit in-fol., en couleur, par J. Darcis. Marges.   2

119 — Le Pâturage, — Les Chevaux en liberté. In-fol., par Levacher. Belles épreuves, toutes marges   2

VERNET (C.). — LITHOGRAPHIES

120 — Les Chasses du Duc de Berry, 1818-1819. In-fol. Suite complète. Superbes épreuves, imprimées sur papier teinté et rehaussées de blanc.   4

   Très rares.

121 — Courses de Chevaux français qui ont eu lieu au Champ de Mars, à l'instar de celles des chevaux romains dits *Barbéry*. Lith. de Delpech. In-fol. Epreuve très fraîche.

122 — Les Voyageurs Anglais. In-fol. Lith. de C. de Last. Marge.

123 — Chasses à courre. In-fol. Lith. de Delpech. Epreuves très fraîches. Toutes marges.   3

124 — Le Marché aux Chevaux, — Courses, — Chasses, etc. In-fol. Lith. de Delpech. Epreuves très fraîches. Toutes marges.   6

125 — Ali, cheval arabe, — Cheval en liberté, — Cheval anglais au moment de la course. In-fol. Lith. de Delpech. Toutes marges.   3

126 — Cheval de course anglais. — Cheval de cosaque irrégulier, — Cheval arabe, — Cheval persan. In-fol. Lith. de Engelmann. Toutes marges.   4

127 — Le Garde-Chasse. In-4. Très belle épreuve. Toute marge.

   Lithographie très rare, qui n'a jamais été terminée, C. Vernet ayant rayé sa pierre de deux traits en croix.

128 — Recueil de Chiens de Chasse. Cahier complet, dans
la couverture de publication, publ. par Delpech. In-4.
Fraîcheur exceptionnelle.   12

129 — Chevaux en liberté, — Etudes diverses de Chevaux.
In-4, chez Delpech.   10

130 — Le Cerf à l'eau, — L'Halali sur pied, — La Chasse,
— Les Chiens en défaut, — Chasseur abreuvant ses
chevaux (2 états). In-4, chez Delpech. Marges.   6

131 — Imprimerie lithographique de J. Delpech. Jolie
adresse in-4, de conservation parfaite.

132 — Cris de Paris. In-4, chez Delpech. Très belles épreuves du premier tirage. Toutes marges.   10

VERNET (d'après C.)

133 — Les préparatifs d'une Course. In-fol. chez Engelmann. Toute marge.

VERNET (H.)

134 — Malle-Poste, — A Stage Coach. Pendants grand
in-fol. Lith. de Delpech. Superbes épreuves de la plus
grande fraîcheur. Toutes marges.   2

Rares.

135 — A Stage Coach, — Diligence, — Parisienne. Réductions par Aubry, 1823. — Les Jumelles, par Loeilliot.
In-fol. Toutes marges.   4

136 — Hallali du Cerf, — Rapport du valet de limier.
Pendants in-4, chez Delpech. Toutes marges.   2

VOITURES

137 — Voiture du Sacre de S. M. Charles X, exécutée sur
les dessins de M. Percier. Lithographie grand in-fol.,
de Senefelder, d'après Duchesne. Raccom.

Rare.

138 — Berlines Poste. Entreprise Boutard et Cie. Affiche
lithographiée. In-fol.

Pièce curieuse et rare.

139 — Voiture de ville, — Voiture de voyage, — Phaéton,
— Landau, etc. Modèles de voitures, en noir et en
couleur.   15

WARD (d'après J.)

140 — Pointer Bitch and Puppies. In-fol. En couleur. Par
S. Reynolds. Très belle épreuve.

WATTEAU (d'après A.)

141 — Feste bachique, — Le May, — Partie de chasse, —
La Balanceuse. Suite de quatre grands panneaux
arabesques, gravés par Le Bas, Scotin, Aveline et J.
Moyreau.
  Très belles épreuves. Rares.

142 — Retour de Chasse (portrait de Mᵐᵉ de Verthamon,
nièce de M. de Jullienne). In-fol., par B. Audran.
Superbe épreuve du 1ᵉʳ *état*, avant les mots : Avec Pri-
vilège du Roy. Toute marge.

Z. (Jules)

143 — C'est bien entendu, Messieurs ?.. A huit mille francs
l'esquisse ! Très curieuse lithographie de Villain,
représentant une Vente publique au commencement du
siècle. Toute marge.

VÉLOCIPÈDES

144 — Les Draisiennes à Tivoli. Premier Vélocipède pro-
senté à Tivoli en 1817. Charmante petite pièce, en cé-n
leur, *d'une insigne rareté.*

145 — **1819.** — A Pilentum, or Lady's Accelerator invented by Hancock and C°. Petit in-4, en couleur, par J.
Fuller.

  Très rare.

146 — Sievier's patent Pedestrian Carriage for Ladies and
Gentlemen, manufactured by Lees Cottam and Hallen.
Petit in-fol., en couleur, par Williams. Toute marge.
Rare.

  Ce vélocipède a franchi un *mile* en 3' 1/2, et 12 *miles* en moins
d'une heure.

147 — Hobby-Horse Fair. Petite pièce en forme de frise, par Cruikshank, publ. chez Humphrey.
    Pièce peu commune et fort intéressante.

148 — The New Invented Sociable, or the Lover and his Hobby. In-4, en bistre, publ. par J. Jenkins.

149 — Johnson's Pedestrian Hobbyhorse Riding School (Vélodrome établi en 1819). Très rare estampe, en couleur, par Alken. Encadrée.

150 — The Hobby Horse, 1819. Très belle épreuve. En couleur. Petite marge. Encadrée.

151 — The Ladies'Hobby, or Accelerator, — The Hobby-Sedan Chair, — Going to the Races, — A long back'd Hobby. Suite rare et intéressante de petites pièces montées en dessins. 4

152 — *Every man on his perch :* The Shoemaker, — The Joiner, — The Gardener, — The Brewer, — The Dandy, The Dustman, — The Lawyer, — The Lamp-lighter, — The Roman Soldiers. Suite des plus rares de charmantes petites pièces en bistre, montées en dessins. 9

153 — The Chancellors Hobby, or More Taxes for John Bull. In-fol., coloriée. Marge.

154 — The New long Back'd Hobby made to carry three without Kicking. In-fol., coloriée. Marge.

155 — Modern Pegasus, or Dandy Hobbies in full Speed. In-fol., coloriée. Marge.

156 — A Family Party takeing an airing. In-fol., coloriée. Marge.

157 — The Epping Hunt, or Hobbies in an uproar. In-fol., coloriée. Marge.

158 — The Pedestrian Hobbies, or the Difference of going up and Down Hill. In-fol., coloriée. Marge.

159 — More Economy, or a Penny saved a Penny got. In-fol., coloriée. Marge.

160 — Hobbies or Attitude is every thing. In-fol., coloriée. Marge.

161 — Match against Time or Wood beats Blood and Bone. In-fol., coloriés. Marge.

162 — Every one on his Hobby (pl. n°s 1 et 2). Pendants in-fol., coloriés. Petites marges. 2

163 — New Reading, or Shakspeare improved. In-fol., coloriée. Marge.

164 — The Parsons Hobby, or Comfort for a Welch Curate. In-fol., coloriée. Marge. (*Voir vignette, page 17*).

165 — The Ladies Hobby. In-fol., coloriée. Marge.

166 — Going to the Races. In-fol., coloriée. Marge.

167 — Anti-Dandy Infantry triumphant, or the Velocipede Cavalry unhobby'd. In-fol., coloriée. Marge.

168 — The Dandy and his Postillion, or the Way to laugh up Hill. In-fol., coloriée. Marge.

169 — The Master of the Ordnance exercising his Hobby. In-fol., coloriée, par Cruikshank. Marge.

170 — Making most of 10.000 pounds per annum, by saving travelling expences. In-fol., coloriée, par Marks. Marge.

171 — Aquatic Tripod, or Tricipède. Pièce très curieuse, publ. par T. Hughes. Grand in-8, coloriée. Rare.

172 — **1868**. — Vélocipède-Michaux, — Promenades en vélocipèdes à deux ou trois roues. Lithographies in-4, teintées, par A. Duruy. Etc. 9

173 — **1869**. — Un point d'interrogation, — Un trait d'union, — Un commencement d'incendie, — La poursuite, — La fuite, — Le village effrayé. Lithographies in-fol., en couleur. 6

174 — **Brochures** : Tricipède, 1823, — Théorie du Vélocipède, 1870, — Almanach du Vélocipède, 1870. — Voiture-Vélocipède, 1779 (extrait). 4

175 — Vélocipédiana. Réunion intéressante de pièces publ. en 1867, 1868, 1869, etc., en noir et coloriées, par Grévin et autres. 32

VOITURES A VAPEUR

176 — **1828**. — March of Intellect, n° I. In-fol., coloriée, pub. par Mc Lean. Petite marge.

177 — March of Intellect, n° 2. In-fol., coloriée. Pendant du précédent. Toute marge.

178 — The March of Intellect. Très curieuse pièce in-fol., coloriée, publ. par G. Humphrey. Marge.

179 — A Steam Coach with some of the machinery going wrong. In-fol., coloriée, publ. par Mc Lean. Toute marge.

180 — New Principles, or the March of Invention. In-fol., en couleur, publ. par Mc Lean. Raccom. Marge.

181 — Going it by Steam. In-fol., coloriée, par Shortshanks. Petite marge.

182 — Locomotion, n° 1. In-fol., coloriée, par Shortshanks. Grande marge.

183 — Locomotion, n° 2. In-fol., coloriée, par Shortshanks. Marge.

184 — **1829**. — The March of Intellect. In-fol., coloriée, par Shortshanks. Petite marge.

185 — The Man wots got the whip hand of (th)em all. (Liberté de la Presse). In-fol., coloriée, publ. par Mc Lean. Toute marge.

186 — **1835**. — The New Steam Carriage. In-fol., en couleur. Gravé par Pyall, d'après G. Morton, et publ. par Mc Lean. Très belle épreuve. Marge.

187 — Invention française de 1835 : Voiture à vapeur. Lithographie in-fol. de A. Tissier. Rare.

188 — **Dessins** à la plume et au lavis, de Voitures à vapeur, faits par R. Barret, pour la maison Stephenson, Coach builder. Grand in-fol. Réunion très importante de pièces donnant l'idée générale et le détail des Automobiles. 6

189 — **1840**. — Nouvelle Machine à vapeur pour voyager. Lithographie d'après Perl. Marge.

190 — **1843**. — The Aerial Steam Carriage. Lithographie en couleur. In-4.

191 — Différentes représentations de la Voiture aérienne à vapeur de M. Henson. — Portrait de E. Patin, etc. 5

192 — **Brochures :** Messrs. Burstall and Hill's Steam Carriage ; 1825. — Description du Chariot à vapeur de M. James ; 1828. — Notice sur les Voitures à vapeur employées en Angleterre ; 1833. — Voitures à vapeur sur routes ; 1834. — Mr. Hill's Steam Carriage for common roads ; 1841. In-8, *avec figures.* 5

193 — **Automobilisme :** Voiture à vapeur de Cugnot ; 1770. — Voiture à air comprimé ; 1840, — La Diligence inversable ; 1844. Etc. 10

CHEMINS DE FER

194 — The Collier (le Houilleur), représenté revenant de la mine, dans son costume de travail (Yorkshire). Au second plan, la machine à vapeur inventée par Blenkinsop, la première employée en ce pays ; 1814. In-fol., en couleur, par D. Havell, d'après G. Walker. Encadrée.

195 — The Costume of Yorkshire in 1814, illustrated by a series of forty engravings, by G. Walker. Leeds, 1885 ; in-fol., en feuilles.

Recueil intéressant. La planche 3 reproduit la gravure précédente.

196 — Notions sur le chemin de fer. In-fol., coloriée, par J.-B. Blasseau. Marge.

Pièce peu commune représentant *le premier* chemin de fer européen, d'Anvers à Cologne.

197 — Opening of the first English Rail-way between Stokton and Darlington, Sept. 27 th 1829, — Race of Locomotives at Rainhill, near Liverpool, in which George Stevenson's « Rocket » won, 1829, — A first class train on the Liverpool and Manchester Railway, 1833, — A second class train on the Liverpool and Manchester Railway, 1833. Estampes en couleur, en forme de frises, impr. sur la même feuille. Réimp. sur japon.

198 — Locomotive engine, « The Rocket », 1830, built by George Stephenson. Petit in-fol. en couleur. Petite marge.

199 — Chemin de fer de Lyon à Saint-Etienne. — Vues du
chemin de fer de Lyon à St-Etienne. Lithographies
grand in-fol., par Engelmann. Marges.   2
   Très rares.

200 — Travelling on the Liverpool and Manchester Railway,
1831. Quatre pièces en forme de frises, tirées à deux sur
la feuille. Chromolithographies de M.-B. Costworth.   2

201 — Description raisonnée et Vues pittoresques du chemin de fer de Liverpool à Manchester, publ. par Mo-
reau. Avec carte et 11 planches. Paris, 1831 ; in-4 demi-
veau. Rare.

202 — Six coloured views on the Liverpool and Manchester Railway, with plates of the Coaches, Machines,
etc., by Bury. London, Ackermann, 1832-1833 ; in-4,
en feuilles, avec la couverture. Deux cahiers complets
de chacun 6 vues en couleur, plus la planche représentant les voitures.   13
   Exemplaire très frais.

203 — Five views of the Dublin and Kingstown Railway,
by Andrew Nichol. Dublin, 1834; in-4 en feuilles, avec
la couverture.
   Cinq jolies planches en couleur.

204 — Caricatures de 1839, 1842 et 1843, par Pruche et Daumier, ridiculisant les débuts des Chemins de fer. Lithographies in-4.   4

205 — Vue de Crimple Valley Viaduct, où l'on voit les deux
chemins de fer qui le traversent ; 1847. Lithographie
in-fol. de Napper.

206 — Le Chemin de fer, 1843, image populaire. — Vues
d'Alost et de Laeken. — Le tunnel sous la Tamise. Lithographies teintées.   5

207 — Mémoire sur les Chemins à ornières, par Coste et
Perdonnet. Paris, 1830 ; in-8. — Bradshaw's Railway
Almanach, Directory and Shareholder's Manual. Lon-
dres et Manchester, 1849 ; in-8, carte pliée, rel. d'édit.
— Le Train de plaisir, polka, av. couverture illustrée
(1840). — Chemin de fer de Paris à Orsay, 1844.   4

208 — *Divers*. Vues du chemin de Paris à St-Germain ; 1843.
— Le premier chemin de fer en Angleterre. — Le chemin de fer de St-Etienne à Lyon. Etc. Gravures diverses
et extraits.   22

BUM BAILIFF OUT-DONE or one of the Comforts attending the PATENT HOBBY HORSES.

Grande Imprimerie du Centre. — HERBIN, à Montluçon.

NOTICE DES ESTAMPES

Qui seront vendues sous le N° **44** bis.

ALKEN (H.)

A — Thrown out. I say Misses, which way are the hounds ? Petit in-folio, coloriée. Toute marge. Rare.

B — St-Albans Grand Steeple Chase. Suite complète. In-folio, coloriées. Toutes marges. 4

C — Fox hunting. Suite complète, petit in-folio, coloriée, gravée par T. Sutherland. 4

D — The right sort doing the thing Suite complète, en couleur, impr. par Hullmandel, et publ. en 1822. Toutes marges. 6

E — Coming a crasher. In-fol., coloriée

F — Aylesbury grand steeple chase. Février 1866. Suite in-fol., coloriée, gravée par Bentley. (Complète le n° 7 du Catalogue). 3

G — Westminster cock pit in 1830. In-fol., coloriée.

H — Hunting incidents. In-fol., coloriées. Suite incompl. 3

I — The Earth Stopper. — The Sportsman. In-fol., coloriées. 2

J — Swell and the Surrey. — Mercury in black : 1833-36. In-fol., coloriées. 2

K — The Sporting Butcher. — Jorrocks's Hunt Breakfast : 1833. In-fol., coloriées. 2

L — How to get a vote. — Hello, friend, don't forget that vote. In-fol., coloriées. 2

M — David Crockett's elk hunt. — David Crockett's fight for bear-meat ; 1839. In fol., coloriées. 2

N — The Hunted Tailor. — The Sporting Tailor : 1834. In-fol., coloriées. 2

CRUIKSHANK (R.)

O — Foot ball. — Jumping in sacks. Pendants in-fol., coloriés, gravés par G. Hunt. 2

HAVELL (R.)

P — Pheasant shooting. — Wild duck shooting. — Snipe shooting. — Partridge shooting. Suite complète. In-fol., coloriées 4

HUNT (C.)

Q — Northampton grand national Steeple Chase. 1840 ; the Start. Grand in-fol., coloriée.

POLLARD (d'après J.)

R — Chances of the Steeple Chase. Suite complète, in-fol., coloriées, gravées par Rosenberg et Hunt. 8

S — Race for the Gold Cup at Ascot, 1852. — Race for the Gold Cup at Goodwood, 1852. Pendants in-fol., coloriés. 2

T — Race for the Derby Stakes at Epsom, 1852, — Race for the Great St-Ledger Stakes at Doncaster, 1852. Pendants in-fol., coloriés. 2

U — Ascot Grand Stand, The Coming in, 1852. In-fol., coloriée, par Reeve.

V — A Rough Beggar. — Grace after meat. Portraits de chiens publ. en 1846-56. In-fol., coloriés. 2